मेरी प्रथम हिन्दी सुलेख

वर्णमाला

क ख ग घ ङ च छ

यह किताब .... की है।

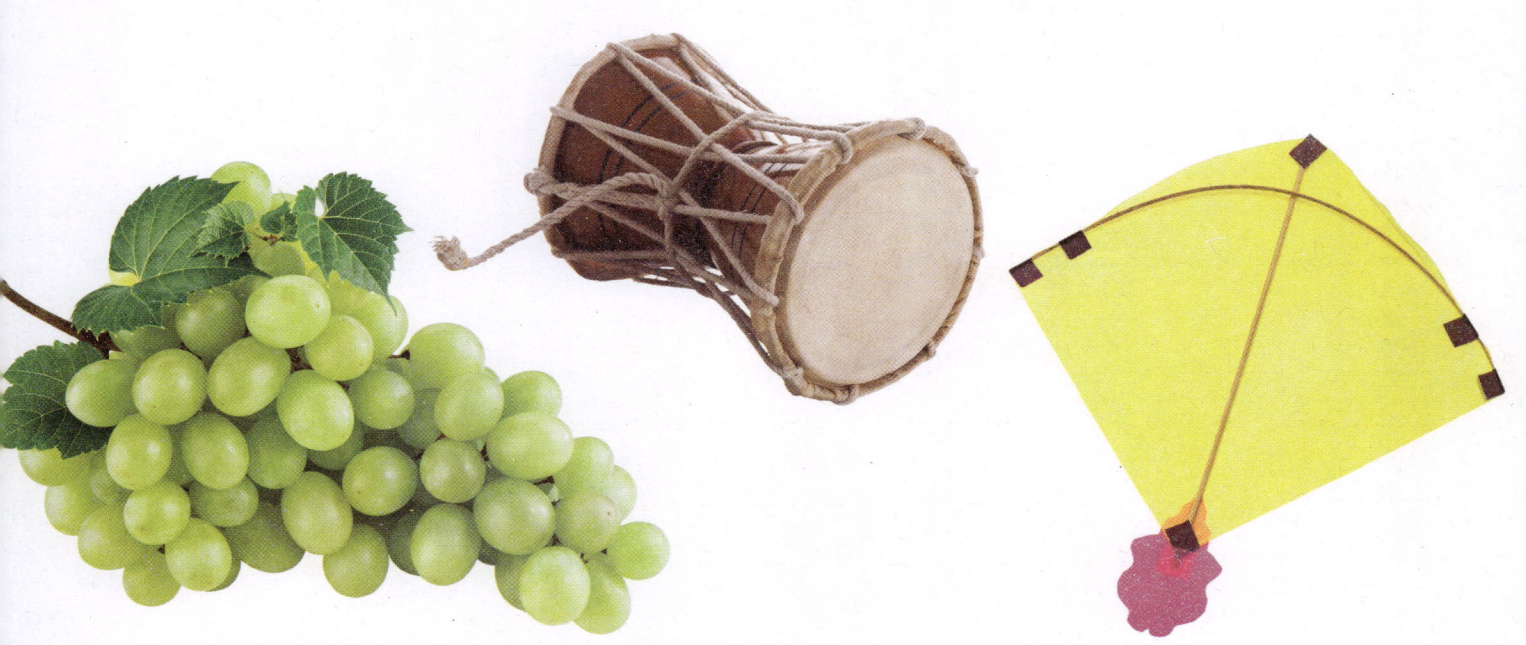

Wonder House

अ

अनार

अमरू

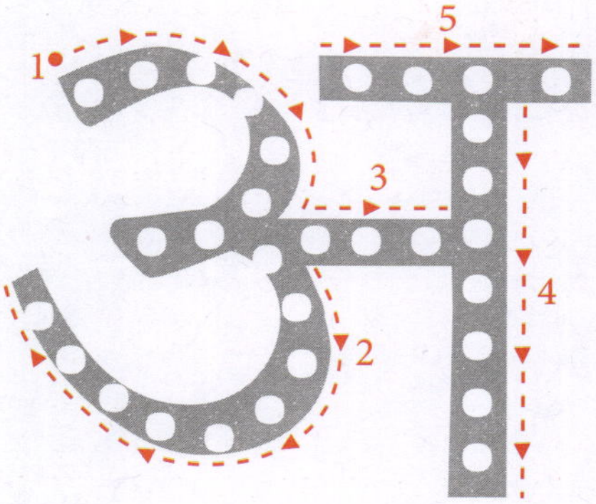

स्वर 'अ' लिखने का तरीकाः–

आ

आम

आलू

स्वर 'आ' लिखने का तरीकाः–

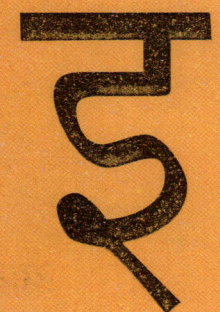

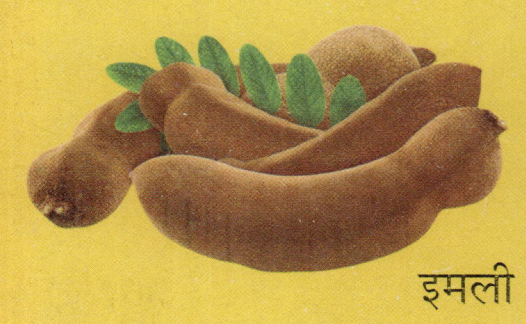

इ

इमली

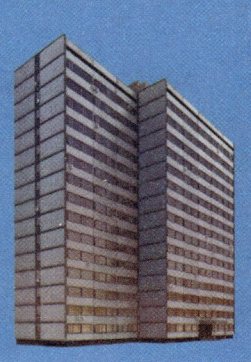

इमारत

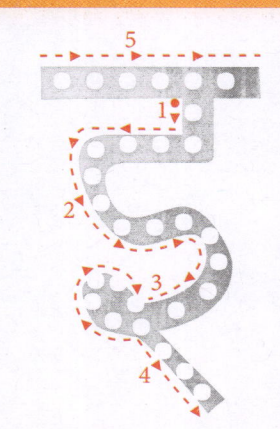

स्वर 'इ' लिखने का तरीका:-

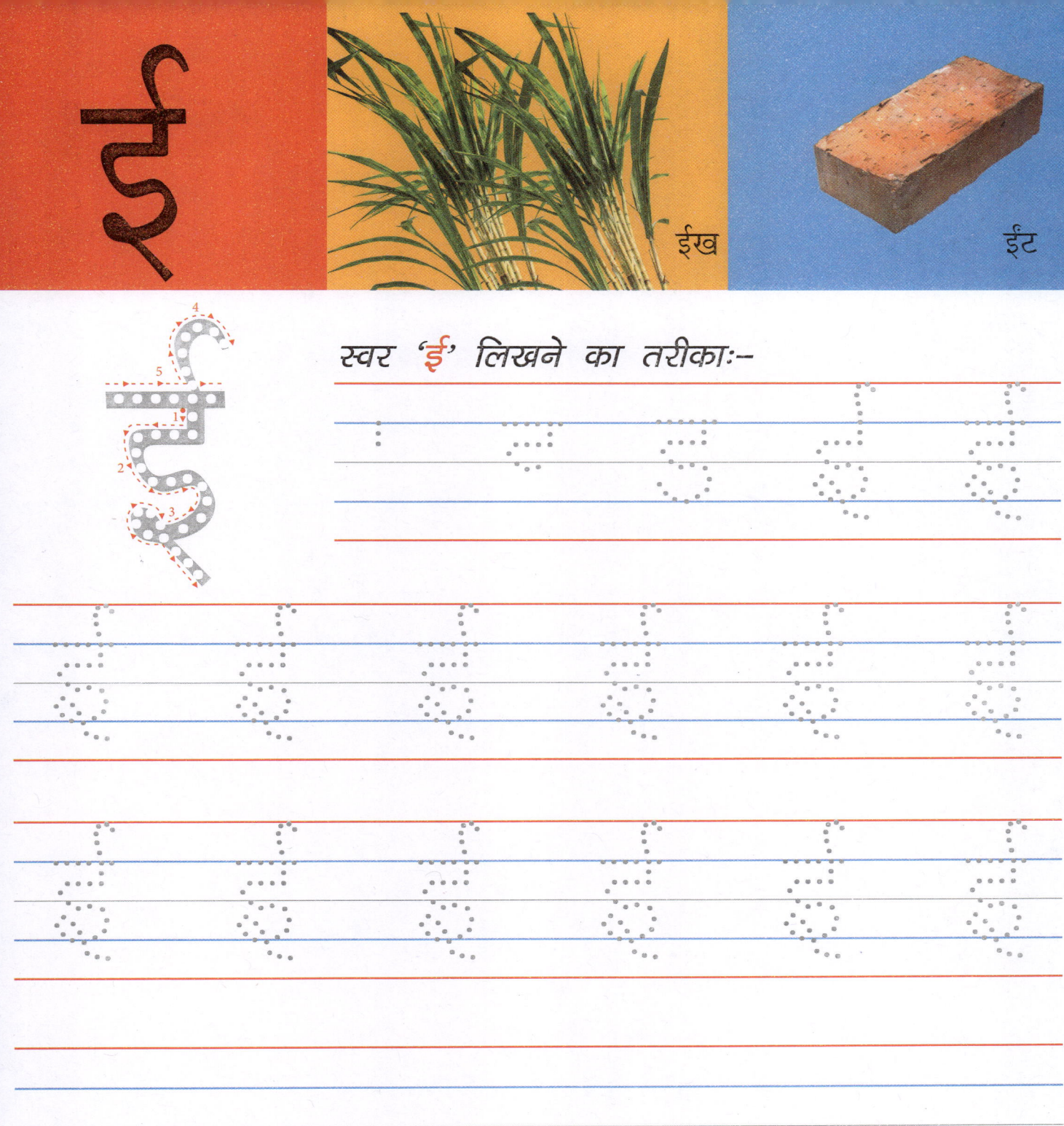

ई

ईख

ईंट

स्वर 'ई' लिखने का तरीका:–

उ

उल्लू

उपहार

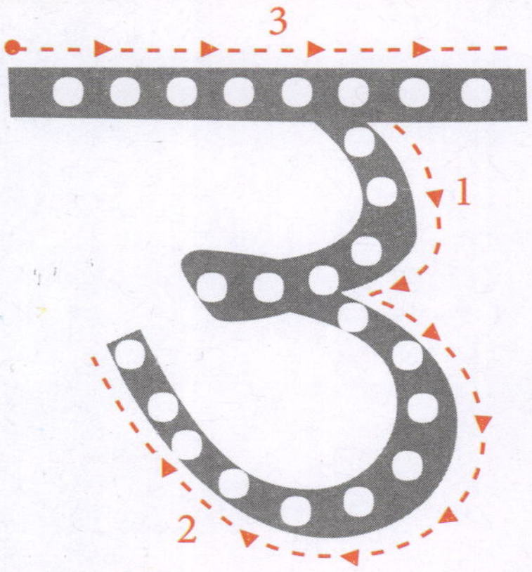

स्वर 'उ' लिखने का तरीकाः-

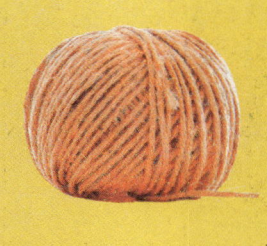

ऊ

ऊन

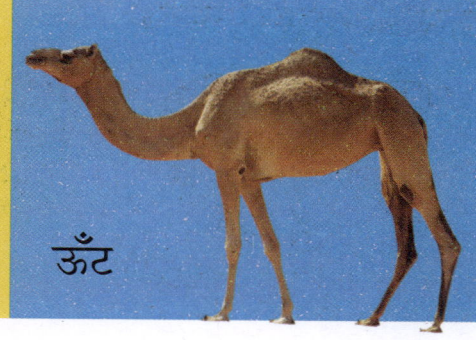

ऊँट

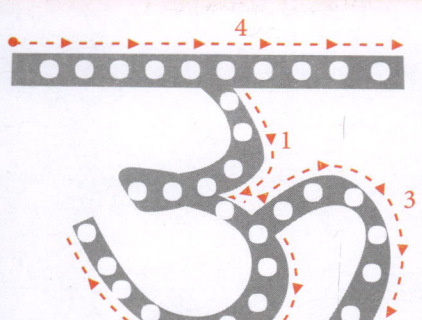

स्वर 'ऊ' लिखने का तरीका:-

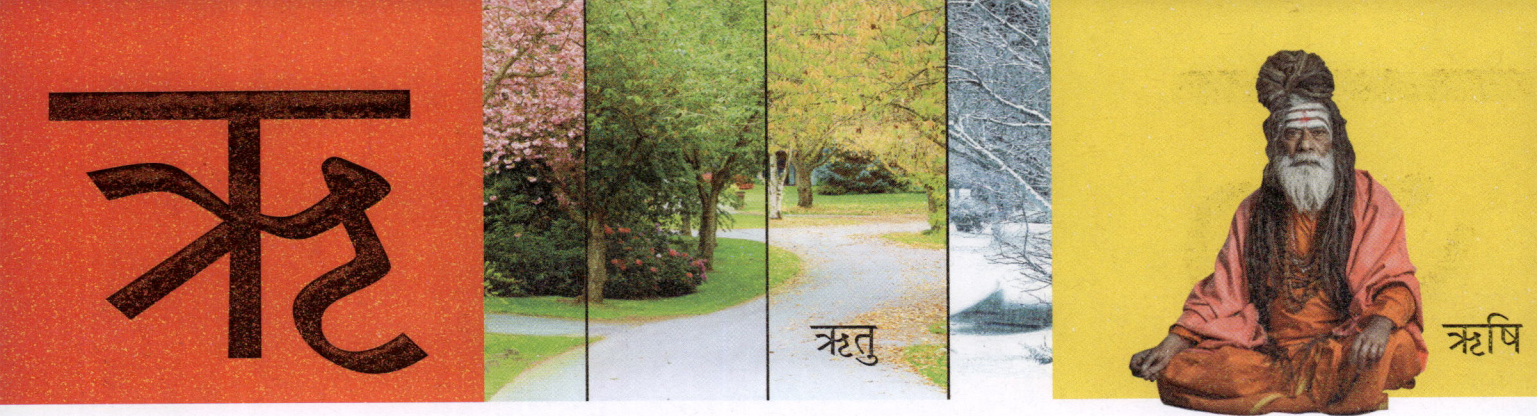

ऋ

ऋतु

ऋषि

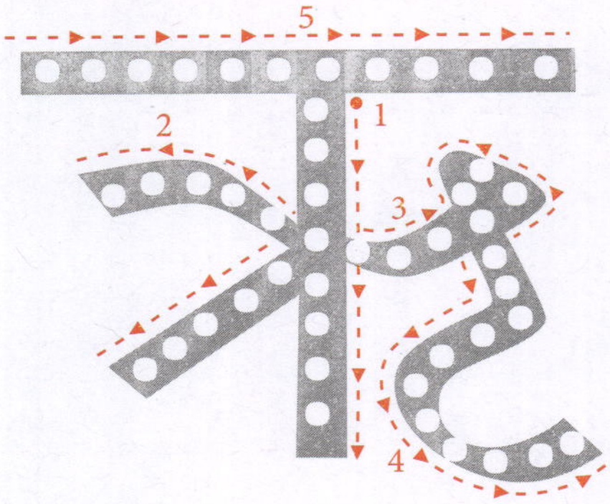

स्वर 'ऋ' लिखने का तरीकाः-

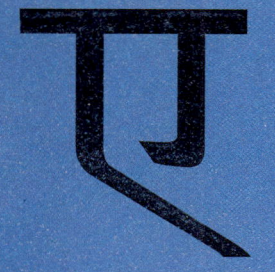

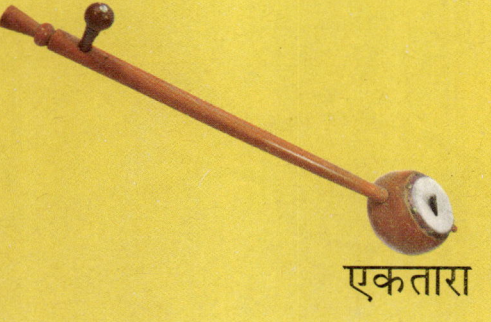

ए

एकतारा

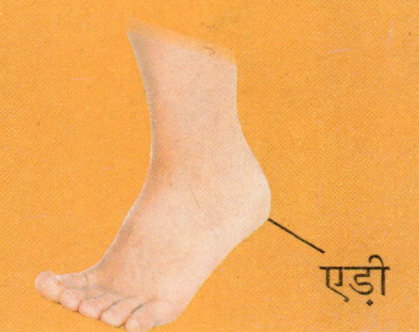

एड़ी

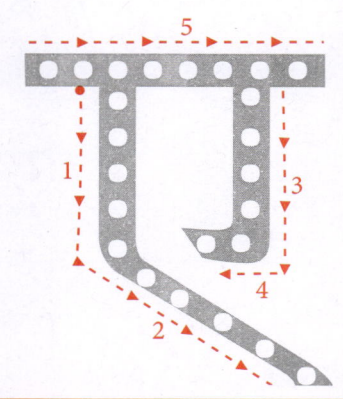

स्वर 'ए' लिखने का तरीका:–

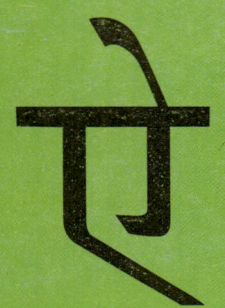

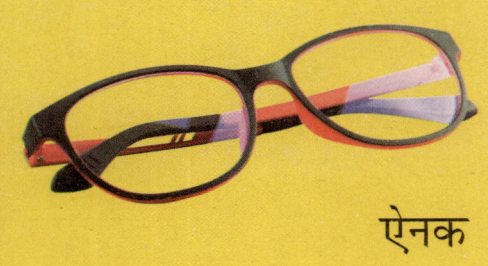

ऐ

ऐनक

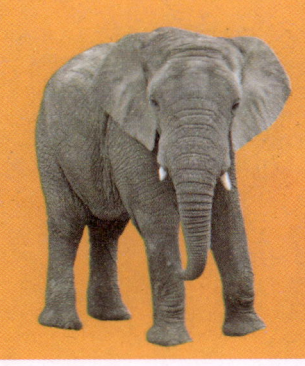

ऐरावत

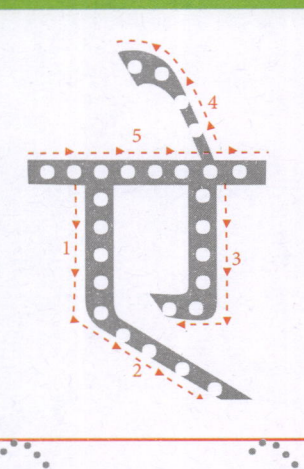

स्वर 'ऐ' लिखने का तरीकाः–

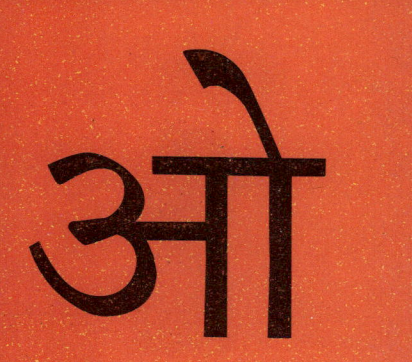

ओ

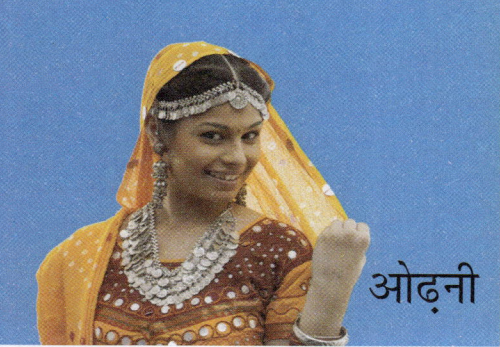

ओढ़नी

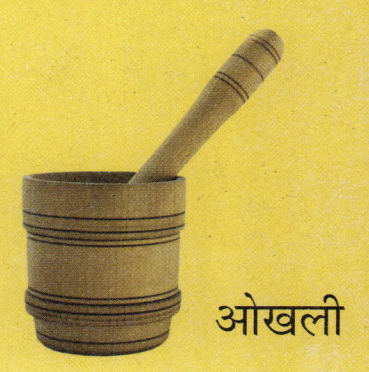

ओखली

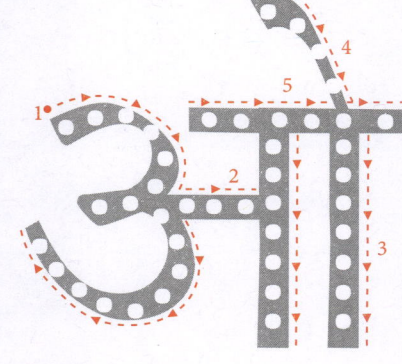

स्वर 'ओ' लिखने का तरीका:-

उ उ अ ओ ओ

ओ ओ ओ ओ ओ ओ

ओ ओ ओ ओ ओ ओ

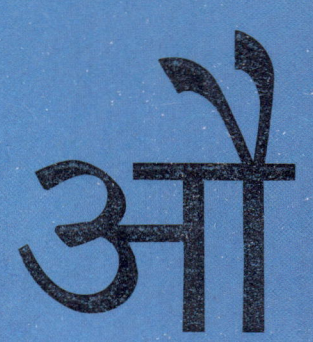

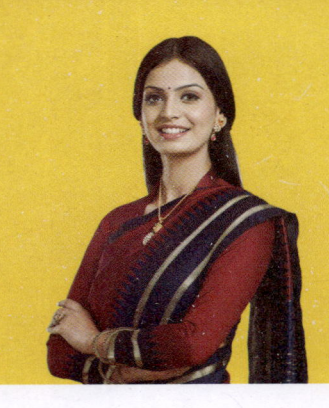

औ

औरत

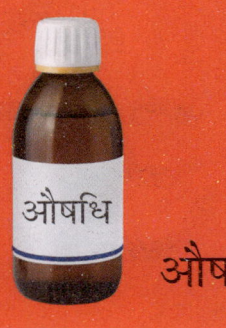

औषधि

स्वर 'औ' लिखने का तरीका:-

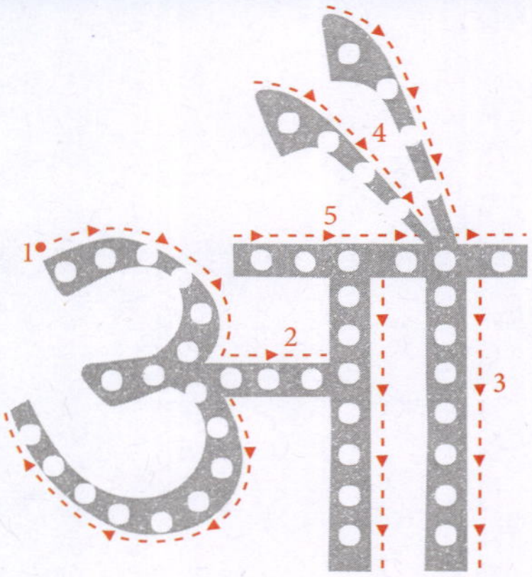

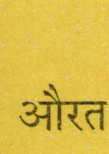

उ उ ओ औ औ

औ औ औ औ औ औ

औ औ औ औ औ औ

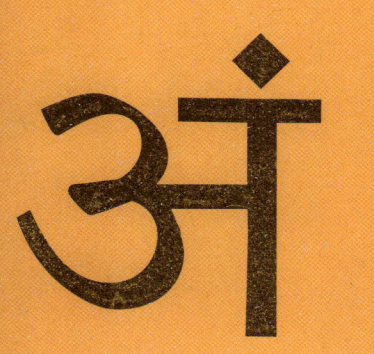

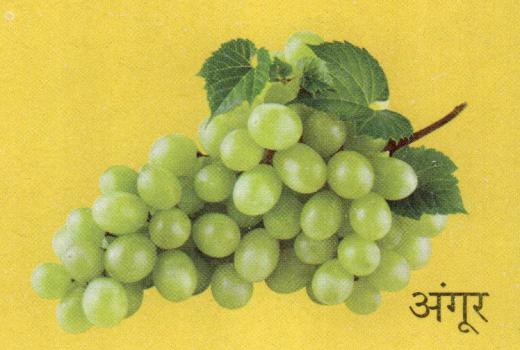

अं

अंगूर

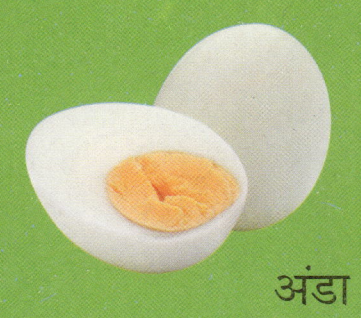

अंडा

स्वर 'अं' लिखने का तरीका:-

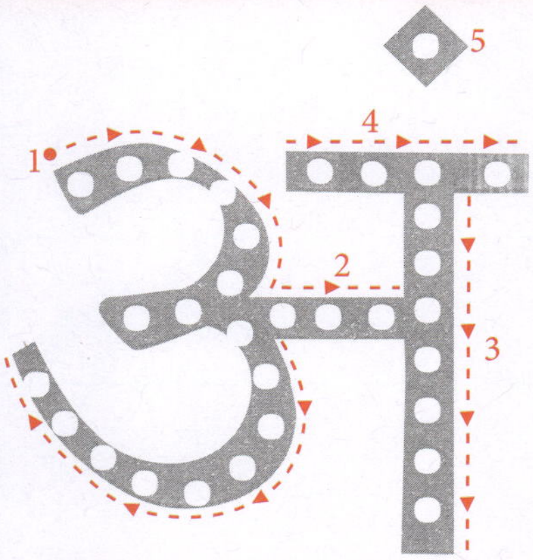

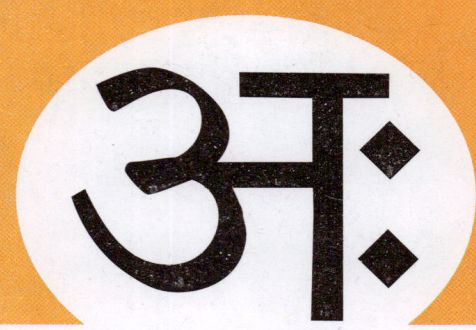

अः

स्वर 'अः' लिखने का तरीकाः–

अः अः अः अः अः अः

अः अः अः अः अः अः

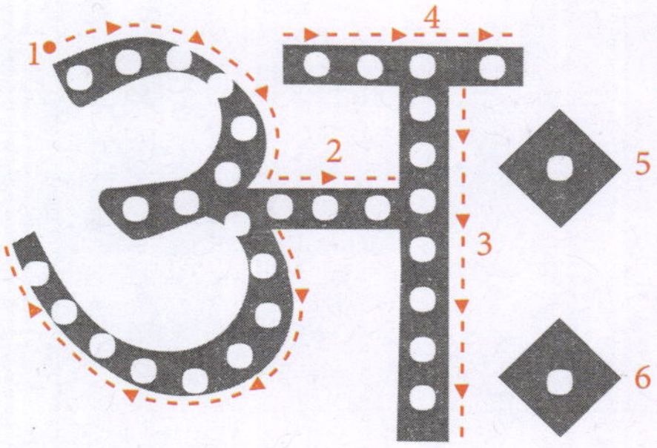

कबूतर

कमल

व्यंजन 'क' लिखने का तरीकाः–

| क |

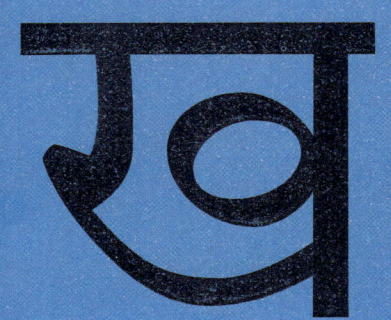

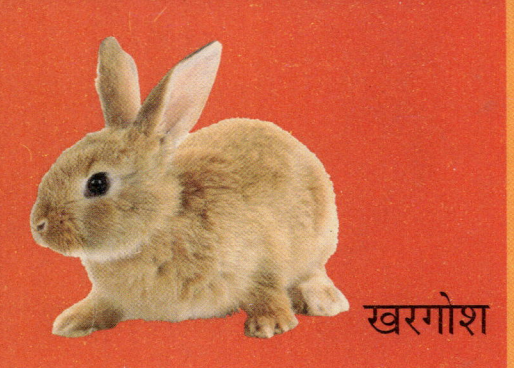

ख

खरगोश

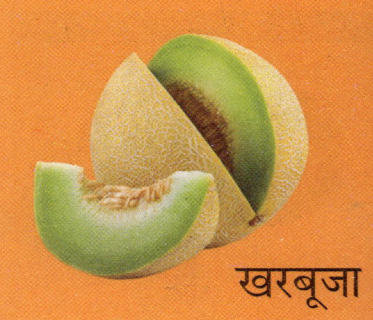

खरबूजा

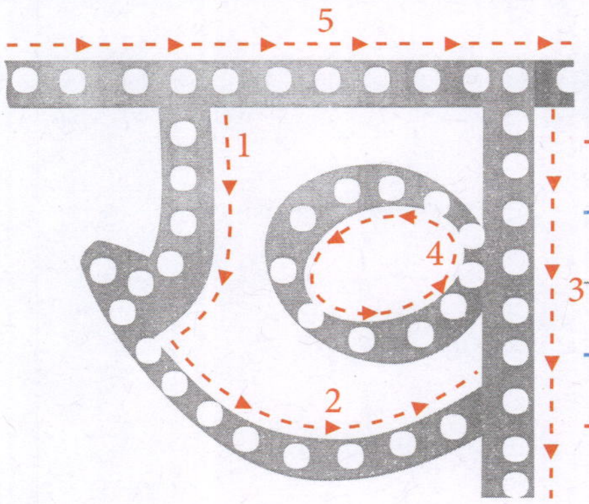

व्यंजन 'ख' लिखने का तरीकाः–

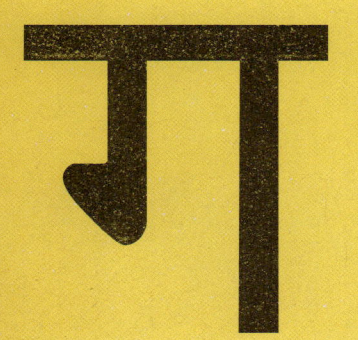

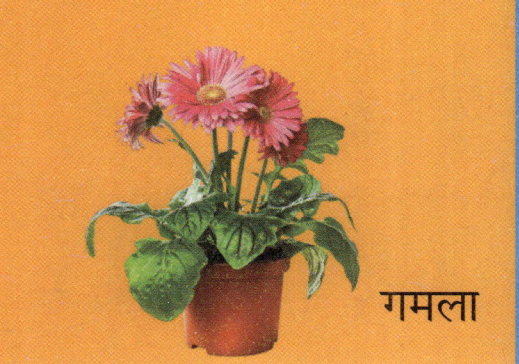

ग

गमला

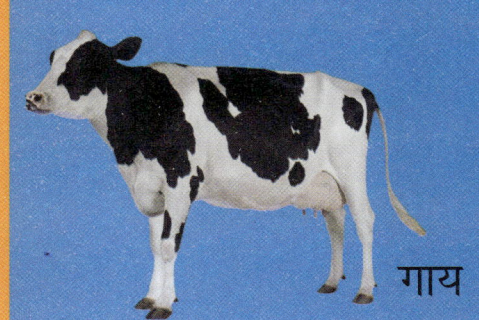

गाय

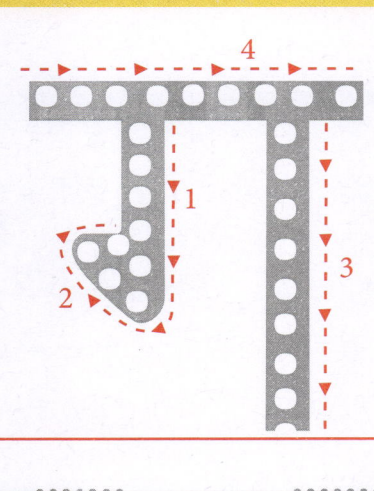

व्यंजन 'ग' लिखने का तरीका:-

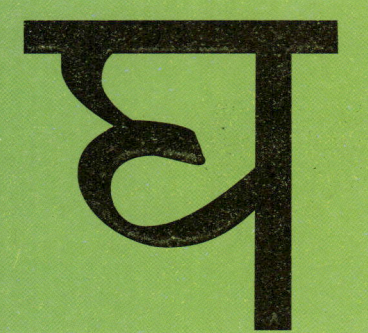

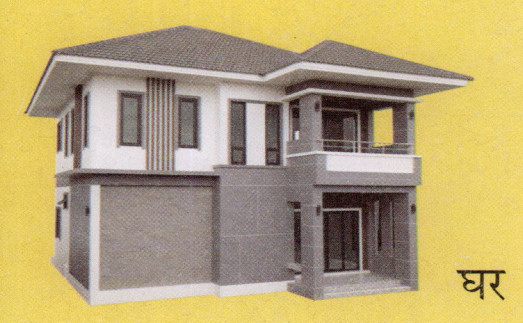

घ

घर

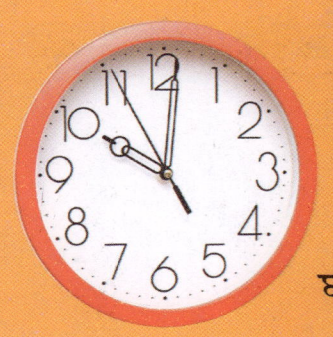

घड

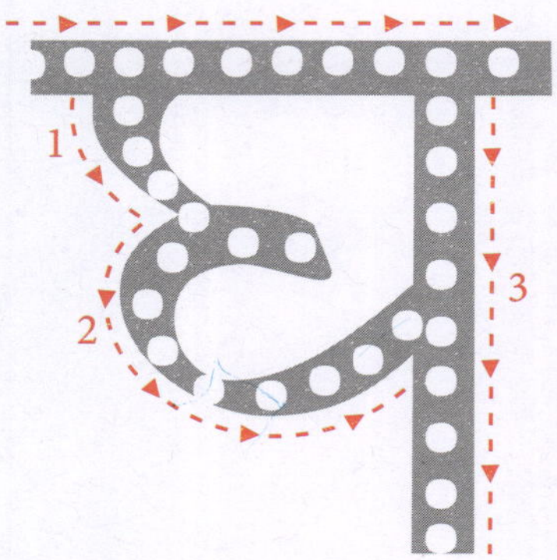

व्यंजन 'घ' लिखने का तरीकाः–

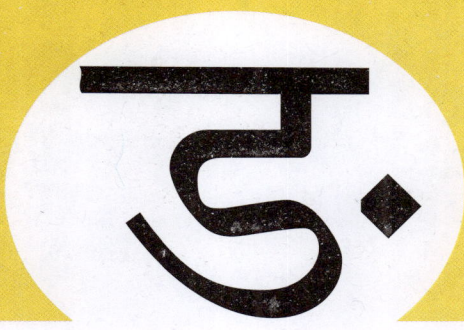

ङ

व्यंजन 'ङ' लिखने का तरीकाः–

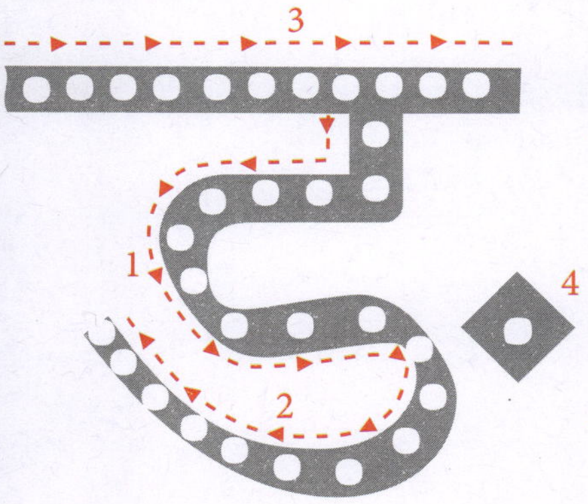

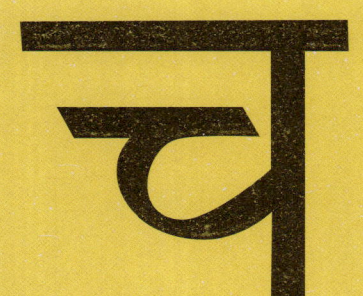

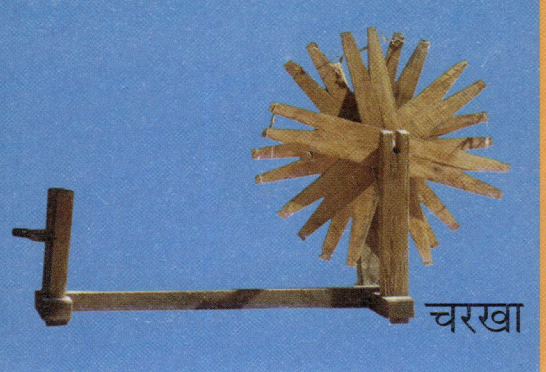

च

चरखा

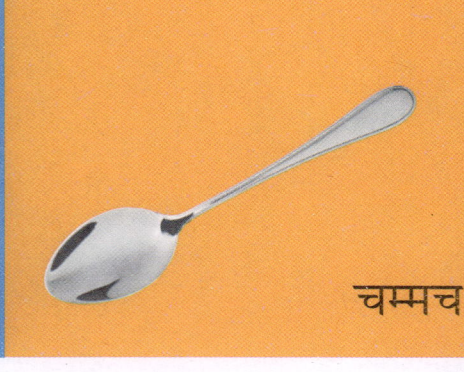

चम्मच

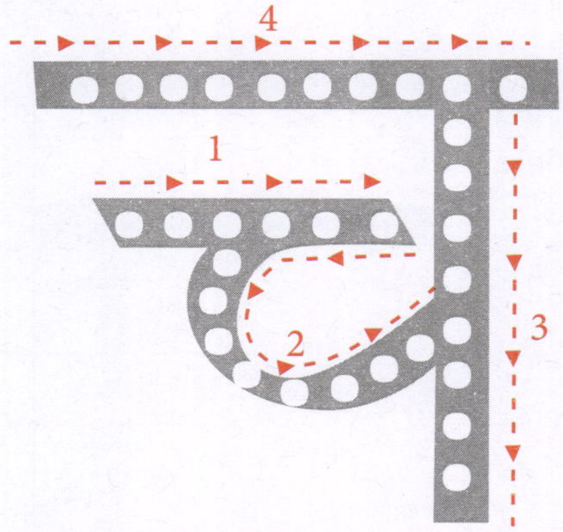

व्यंजन 'च' लिखने का तरीका:–

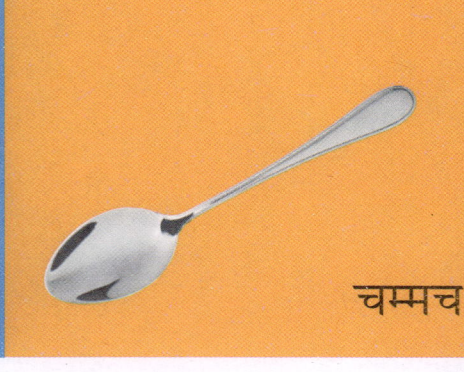

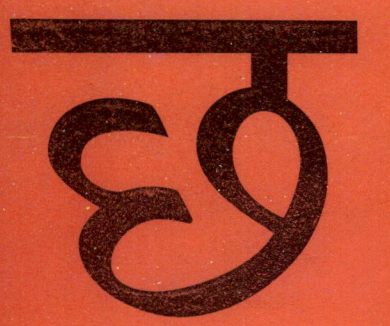

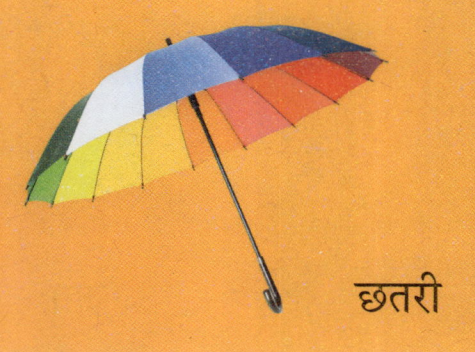

छ

छतरी

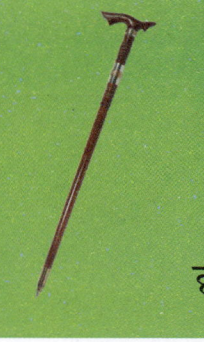

छड़ी

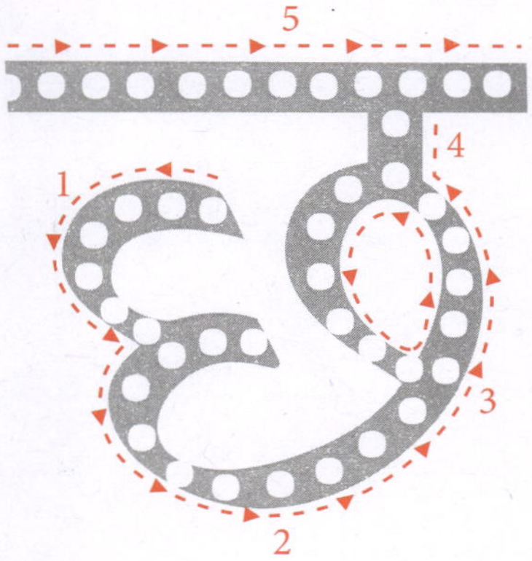

व्यंजन 'छ' लिखने का तरीका:–

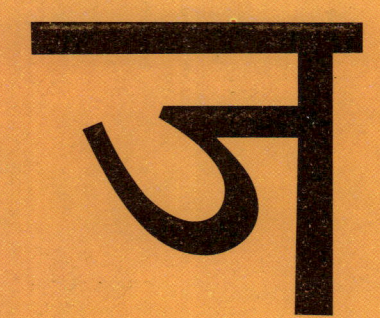

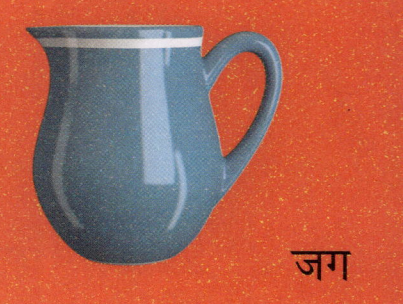

ज

जग

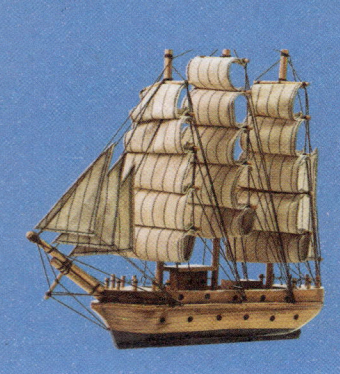

जहाज

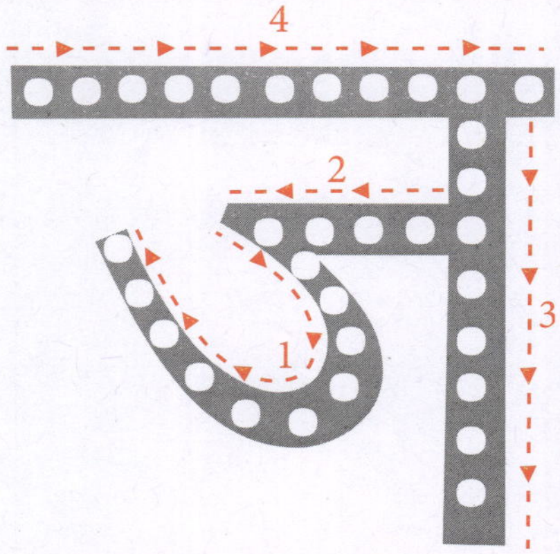

व्यंजन 'ज' लिखने का तरीकाः–

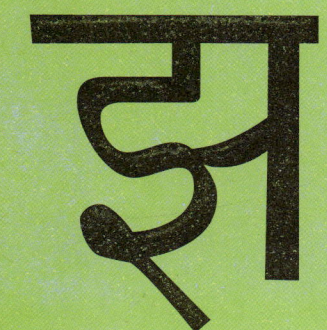

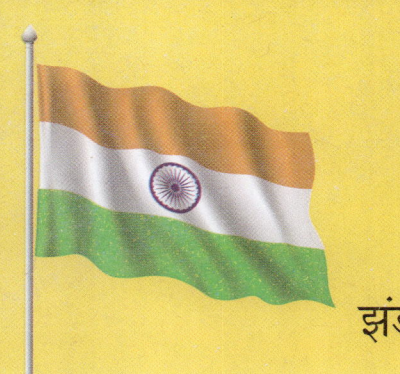

झ

झंडा

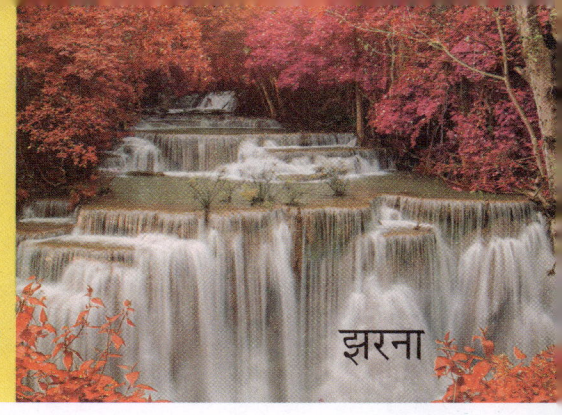

झरना

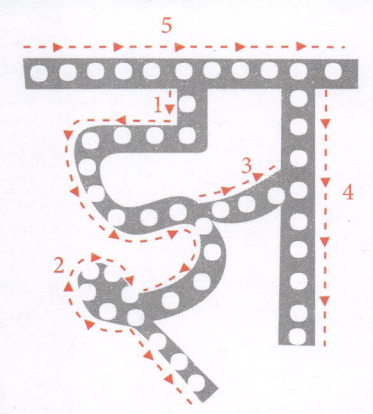

व्यंजन '**झ**' लिखने का तरीकाः-

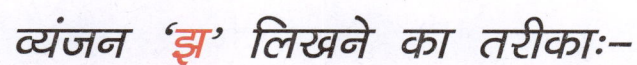

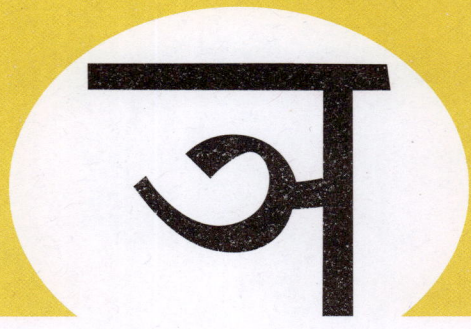

ञ

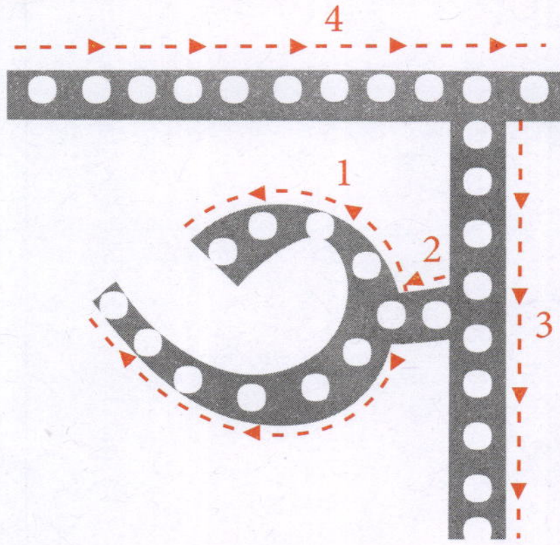

व्यंजन 'ञ' लिखने का तरीका:-

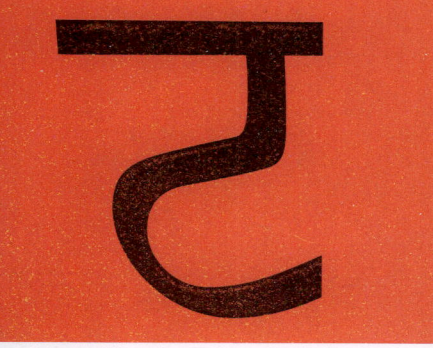

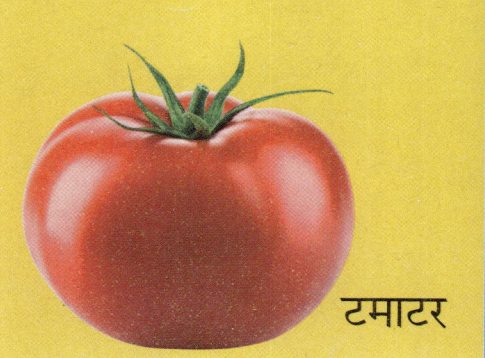

ट

टमाटर

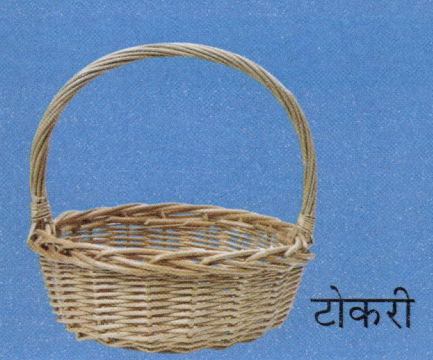

टोकरी

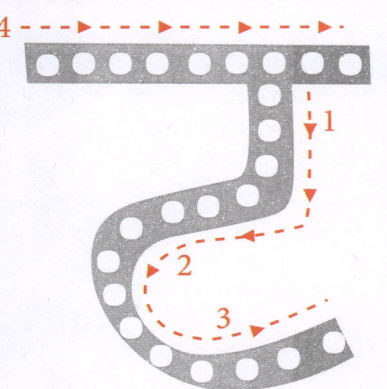

व्यंजन 'ट' लिखने का तरीका:-

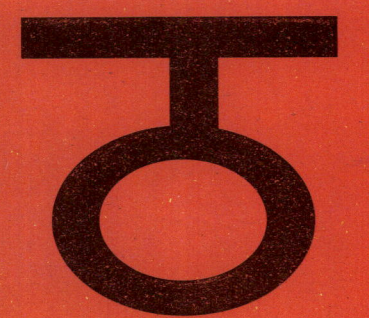

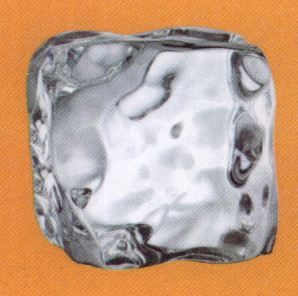

ठ

ठंडा

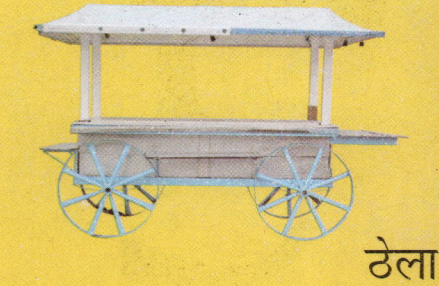

ठेला

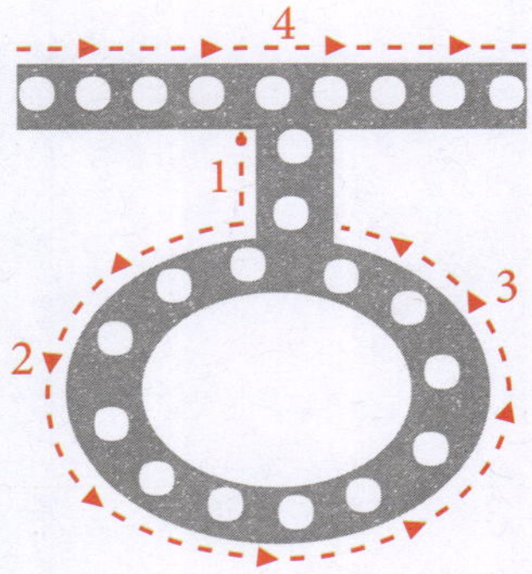

व्यंजन *'ठ'* लिखने का तरीका:–

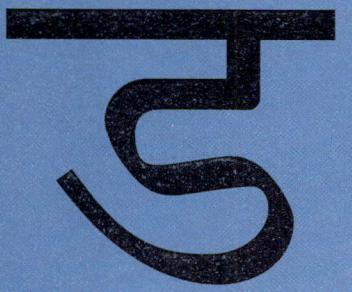

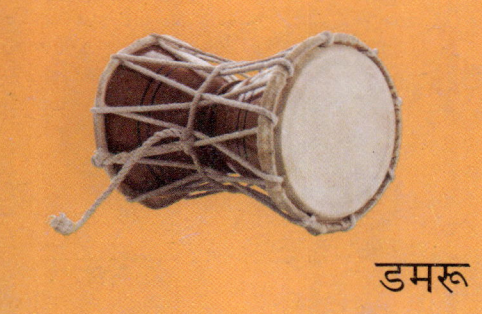

ड

डमरू

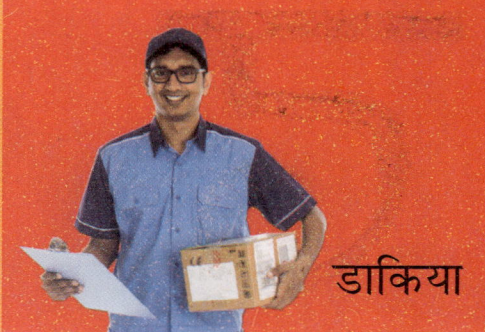

डाकिया

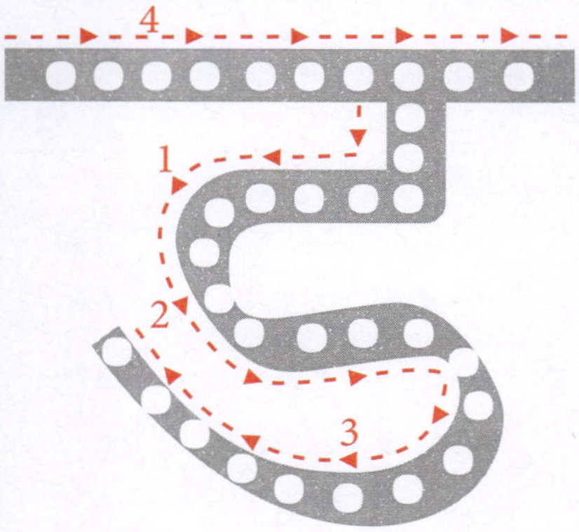

व्यंजन 'ड' लिखने का तरीका:–

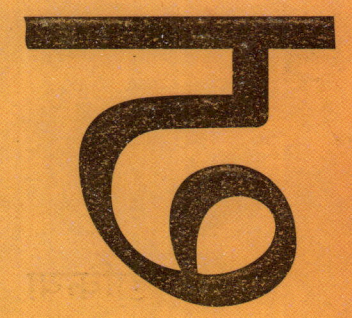

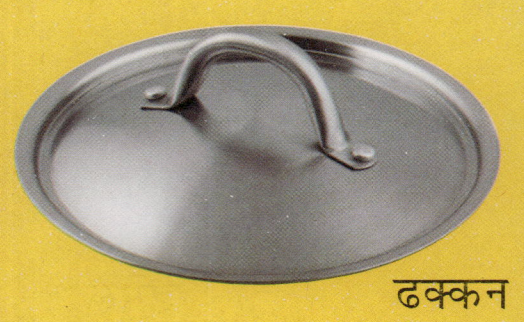

ढ

ढक्कन

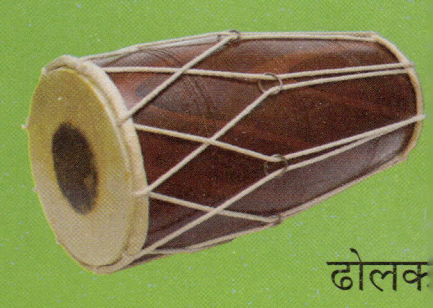

ढोलक

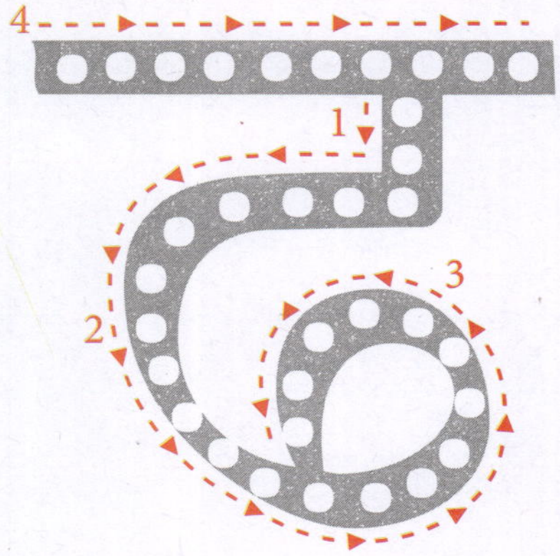

व्यंजन 'ढ' लिखने का तरीकाः–

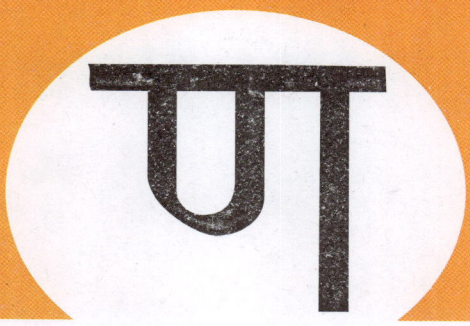

ण

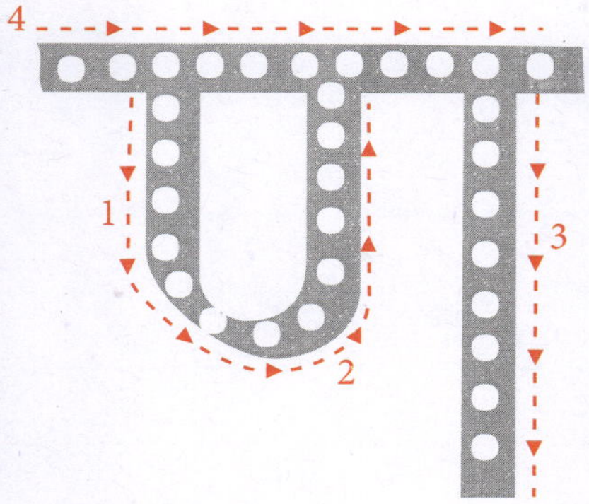

व्यंजन 'ण' लिखने का तरीकाः–

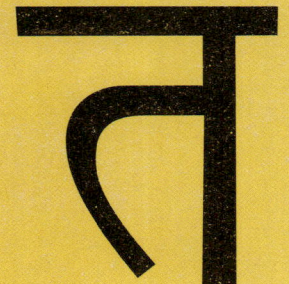

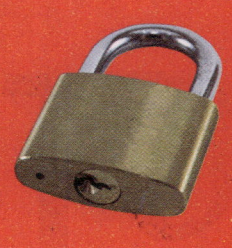

त

ताला

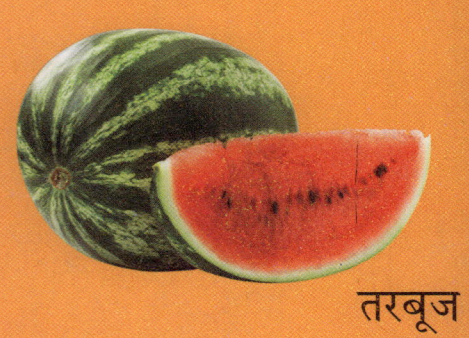

तरबूज

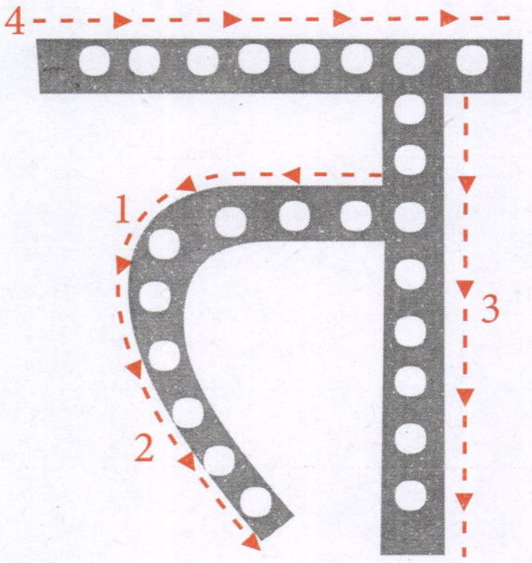

व्यंजन 'त' लिखने का तरीकाः–

थ

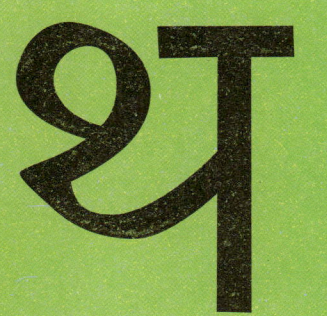

थरमस

थैला

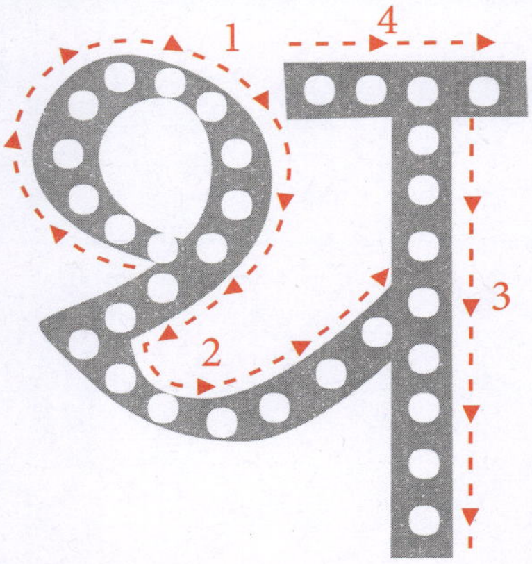

व्यंजन 'थ' लिखने का तरीकाः–

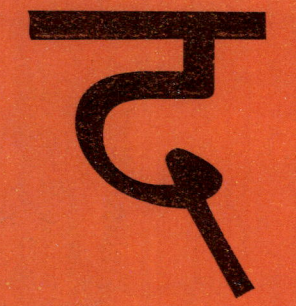

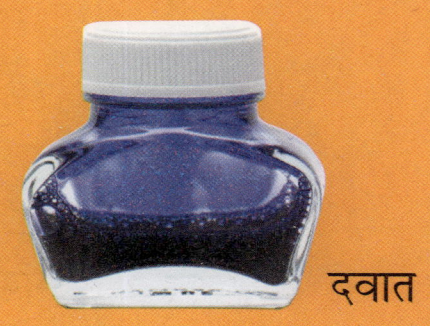

द

दवात

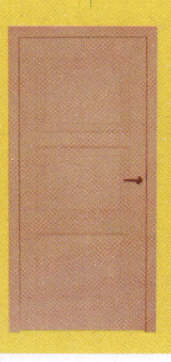

दरवाजा

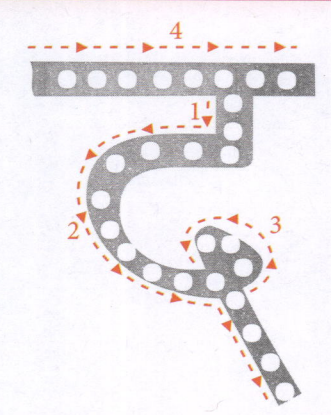

व्यंजन 'द' लिखने का तरीकाः–

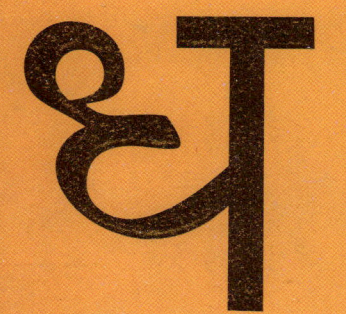

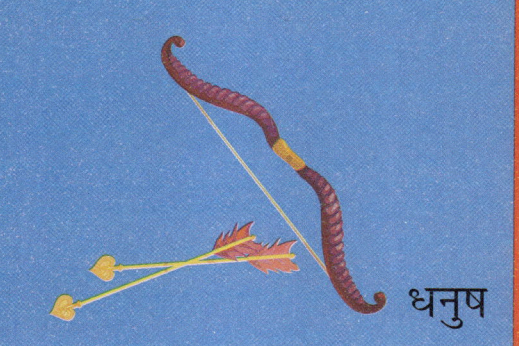

ध

धनुष

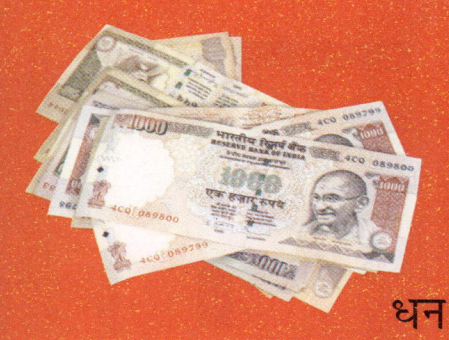

धन

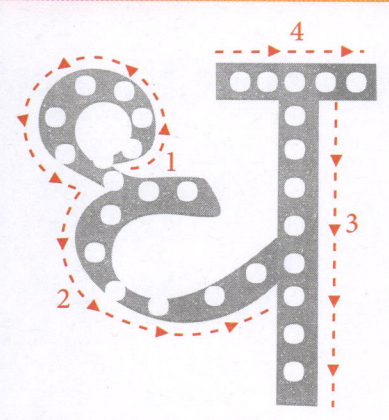

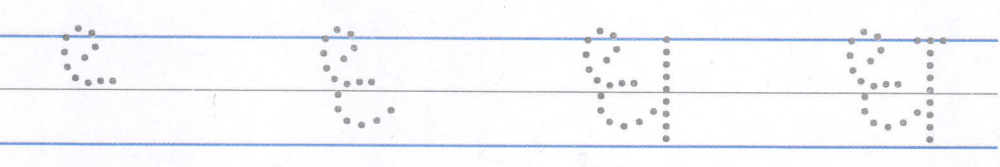

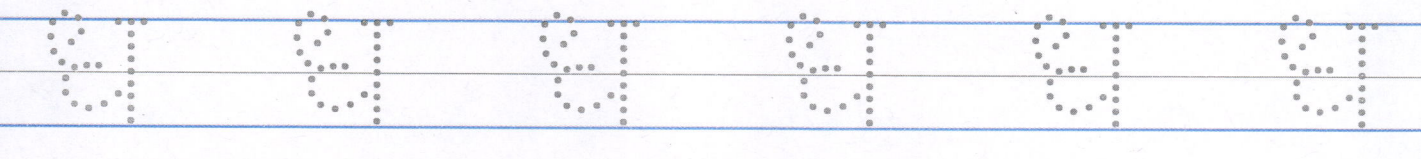

व्यंजन 'ध' लिखने का तरीकाः-

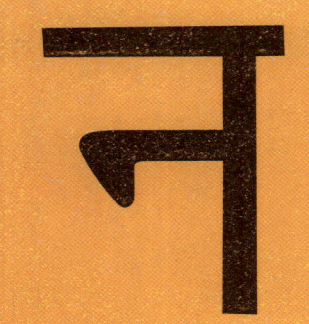

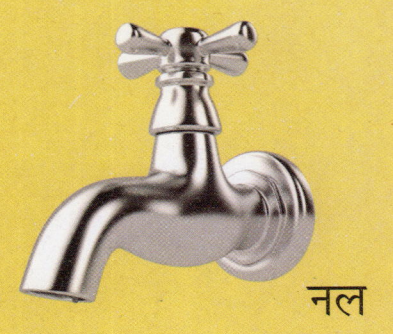

न

नल

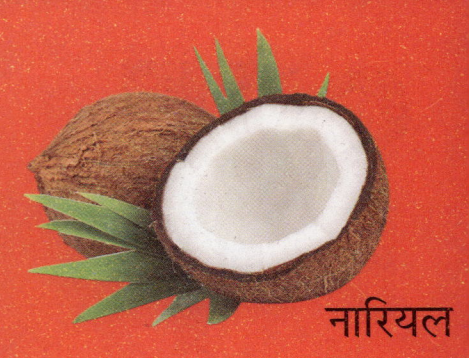

नारियल

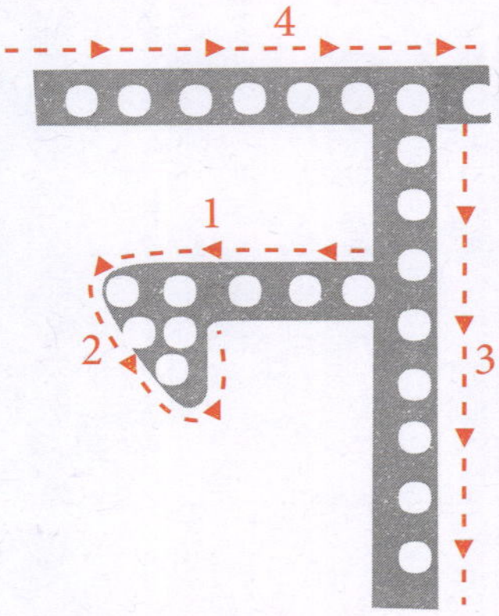

व्यंजन 'न' लिखने का तरीकाः–

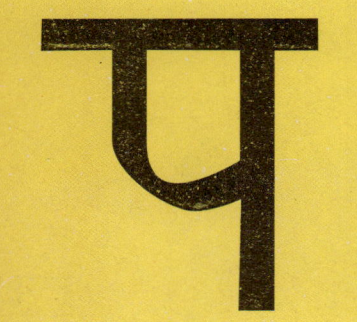

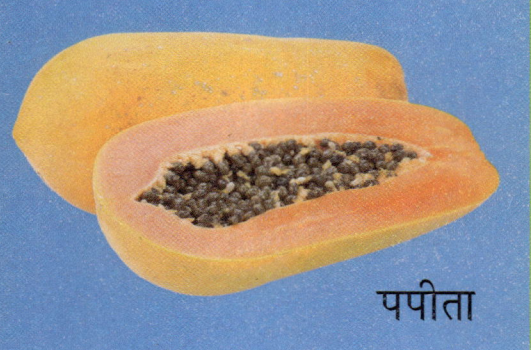

प

पपीता

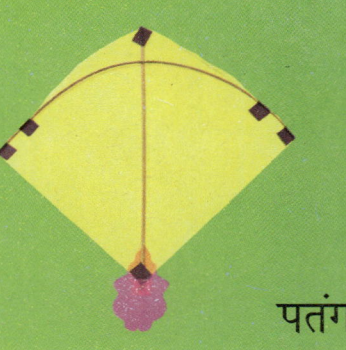

पतंग

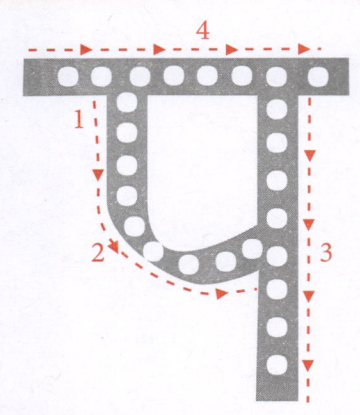

व्यंजन 'प' लिखने का तरीका:–

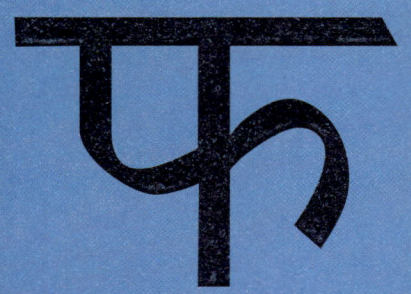

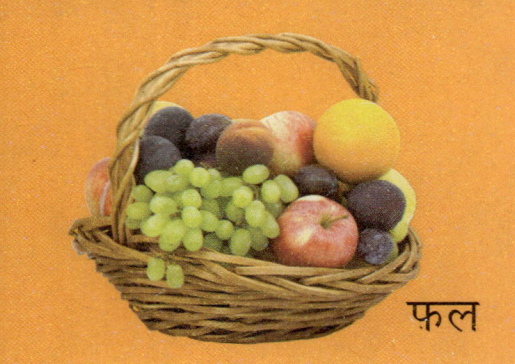

फ

फ़ल

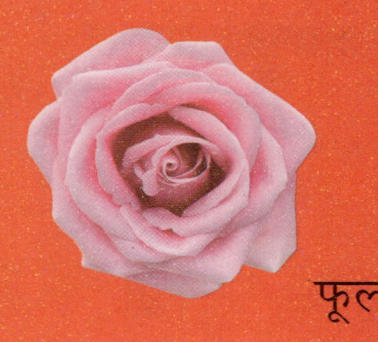

फूल

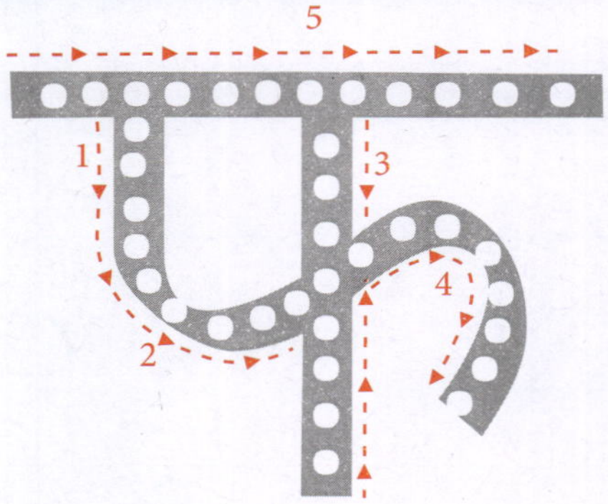

व्यंजन 'फ' लिखने का तरीकाः–

बकरी

बतख

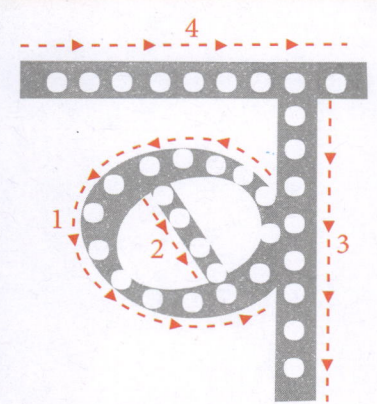

व्यंजन 'ब' लिखने का तरीकाः–

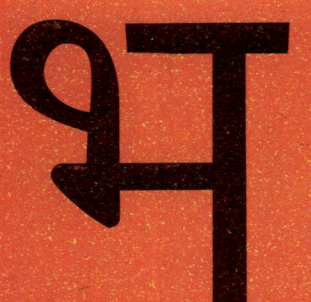

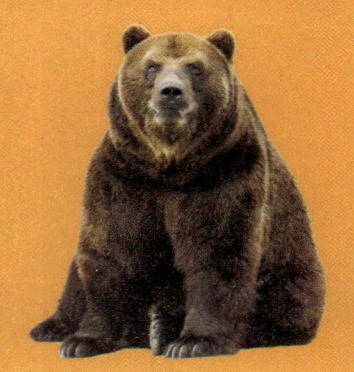

भ

भालू

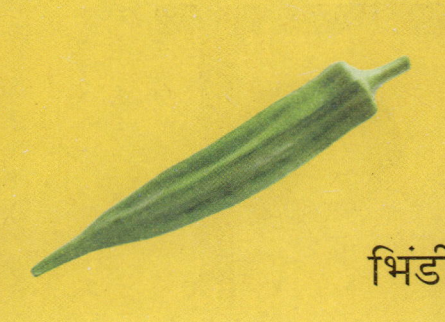

भिंडी

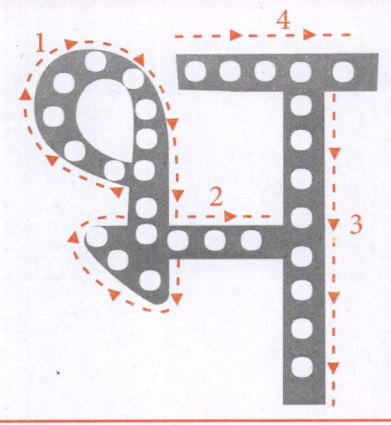

व्यंजन 'भ' लिखने का तरीका:–

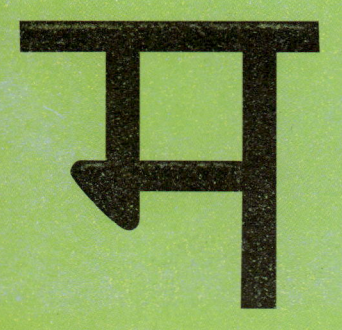

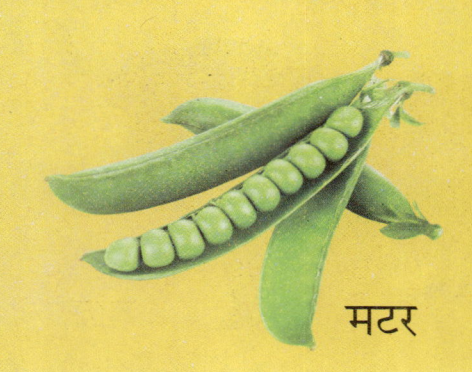

म

मटर

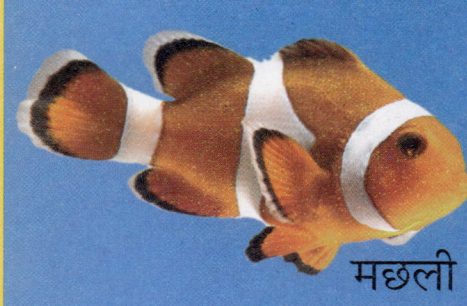

मछली

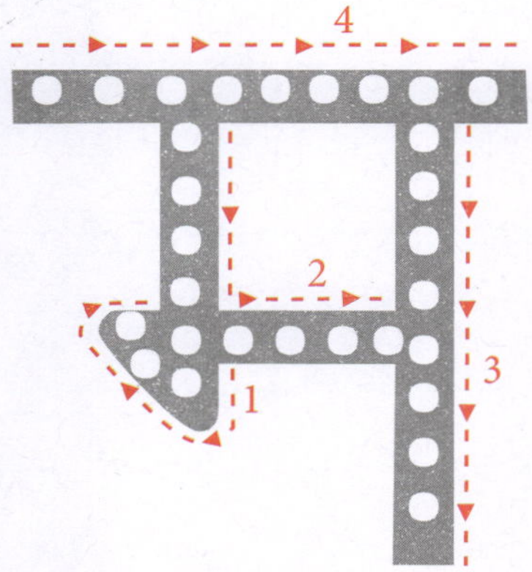

व्यंजन 'म' लिखने का तरीकाः–

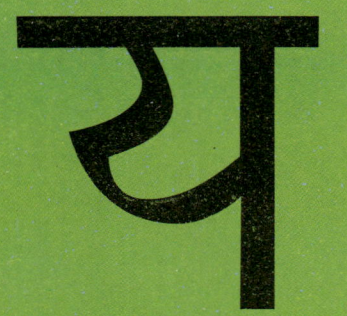

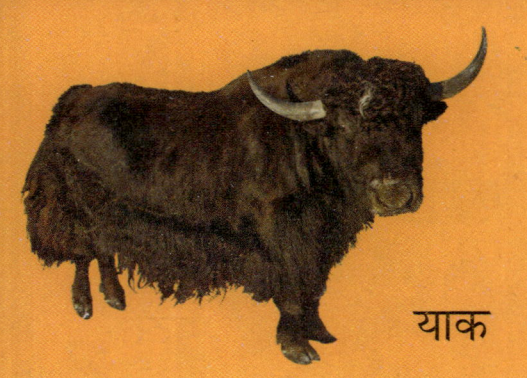

य

याक

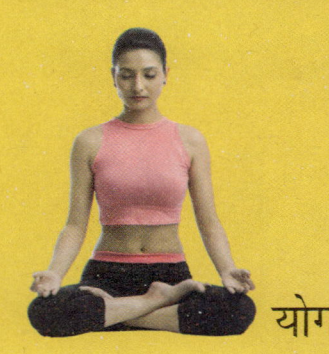

योग

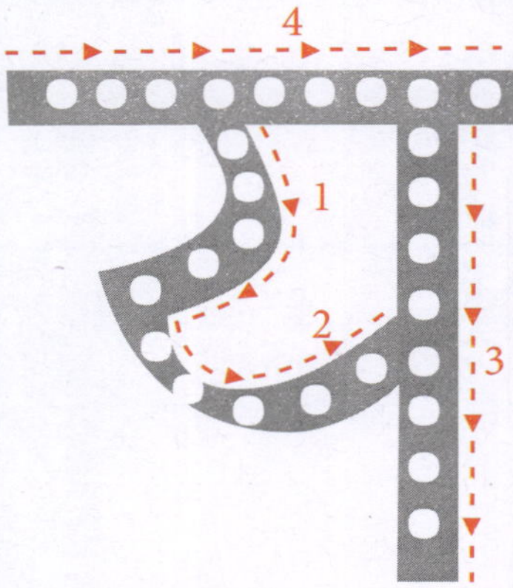

व्यंजन 'य' लिखने का तरीकाः–

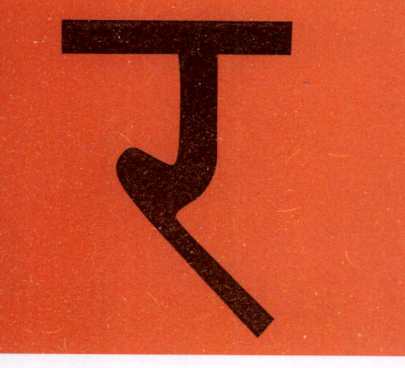

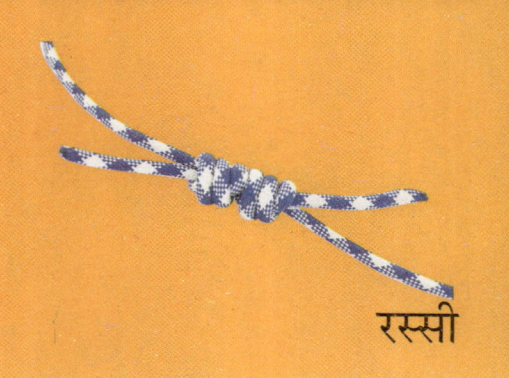

र

रस्सी

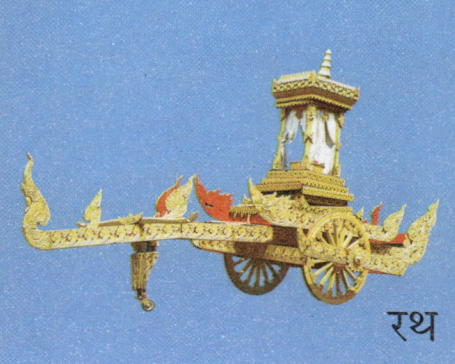

रथ

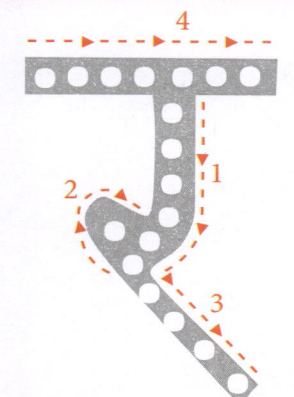

व्यंजन 'र' लिखने का तरीकाः–

ल

लट्टू

लड़की

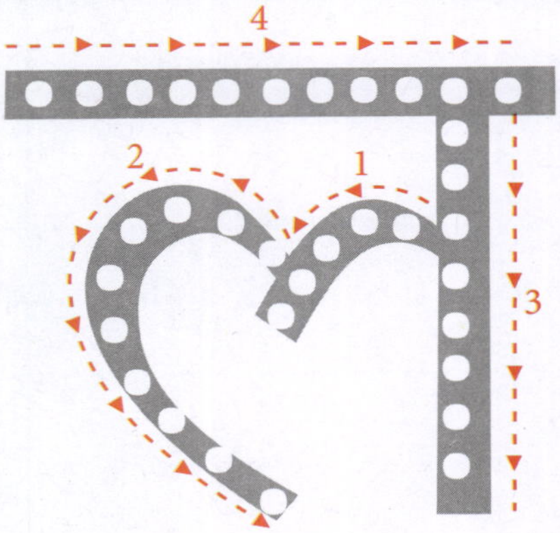

व्यंजन 'ल' लिखने का तरीकाः–

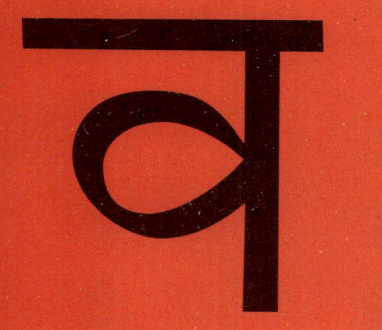

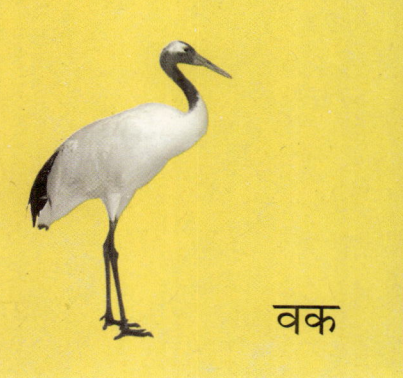

व

वक

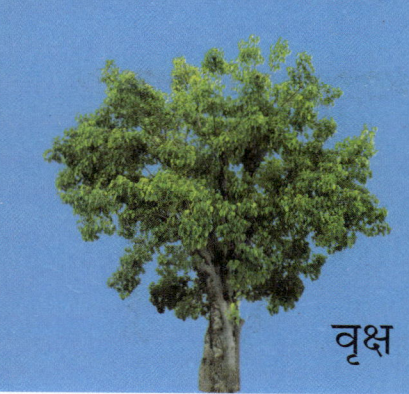

वृक्ष

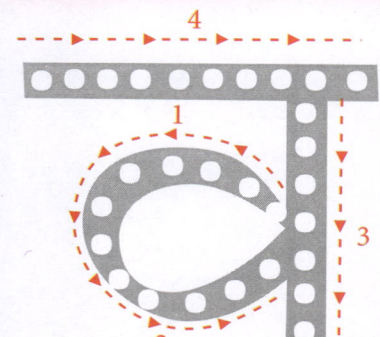

व्यंजन 'व' लिखने का तरीका:–

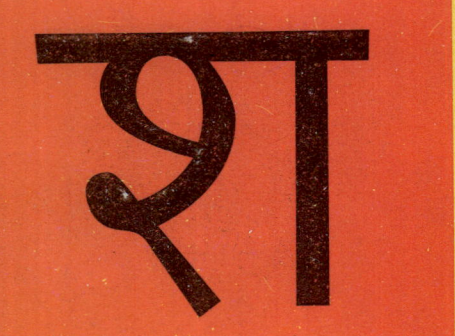

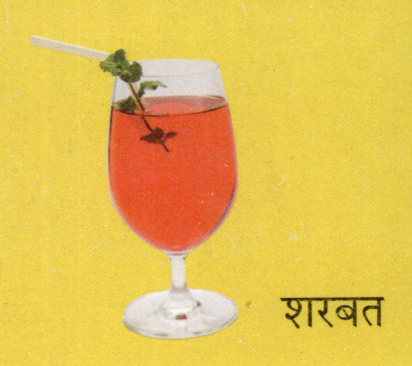

श

शरबत

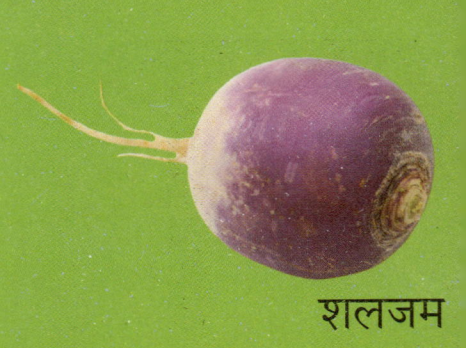

शलजम

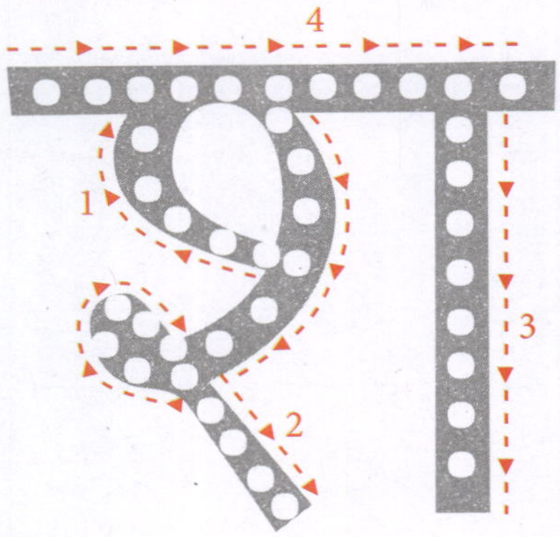

व्यंजन 'श' लिखने का तरीकाः-

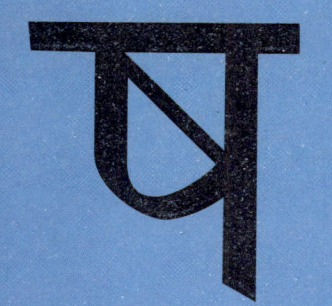

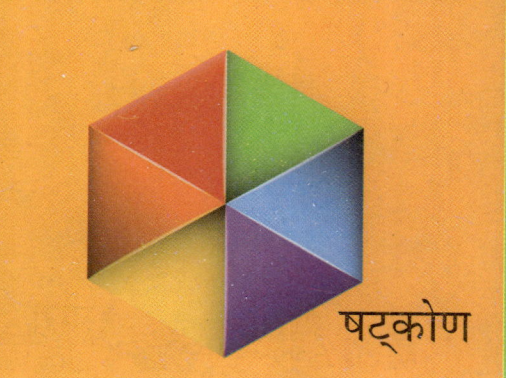

ष

षट्कोण

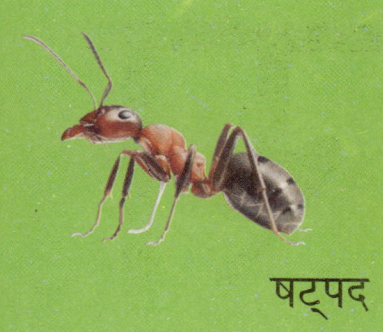

षट्पद

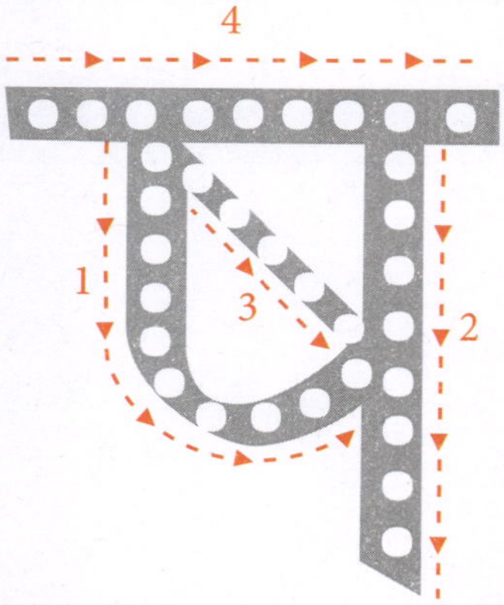

व्यंजन 'ष' लिखने का तरीका:–

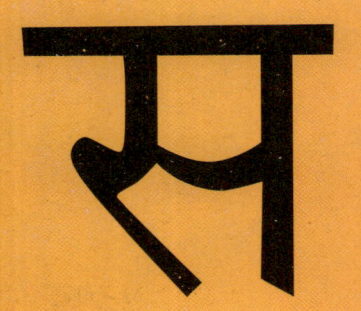

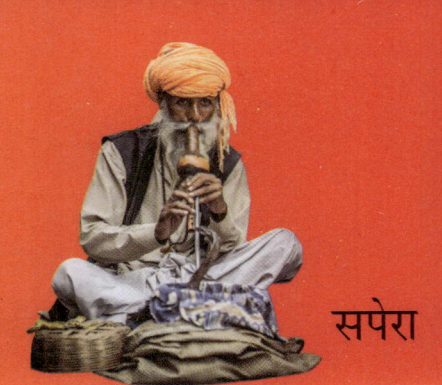

स

सपेरा

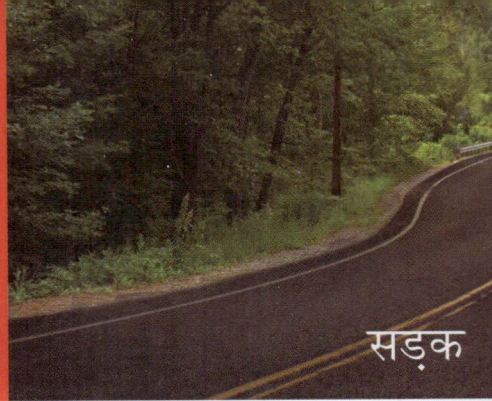

सड़क

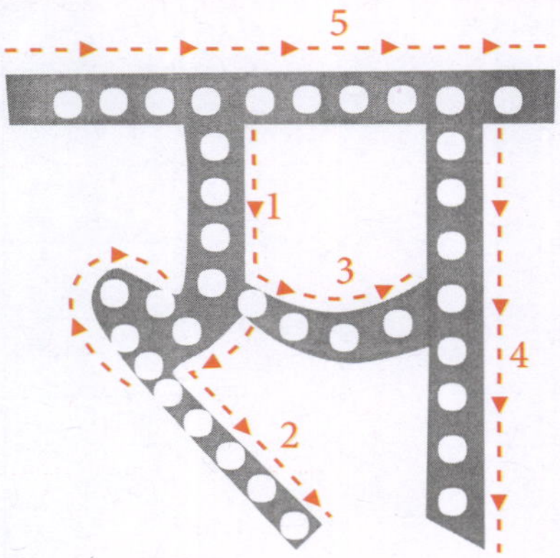

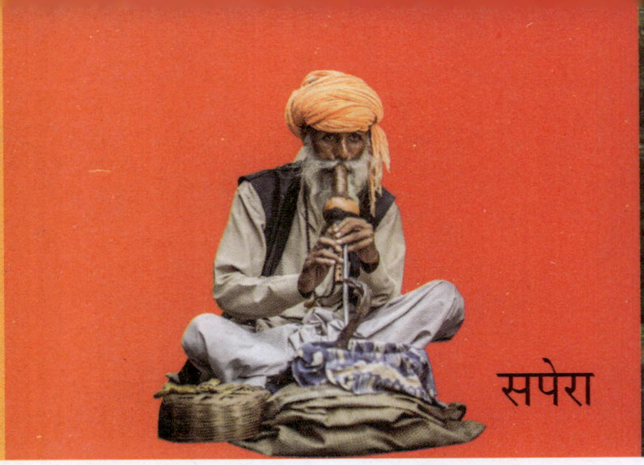

व्यंजन 'स' लिखने का तरीका:–

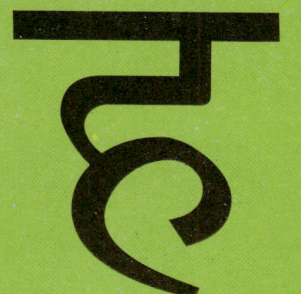

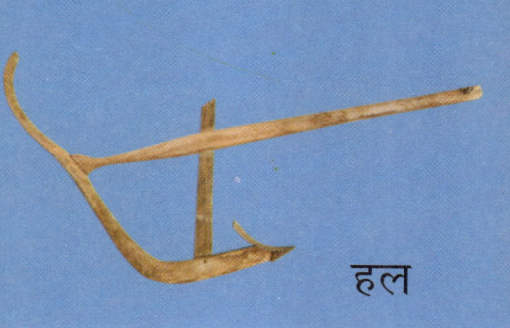

ह

हल

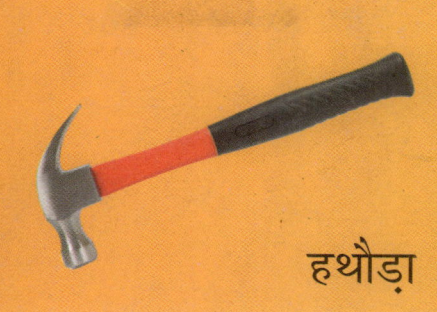

हथौड़ा

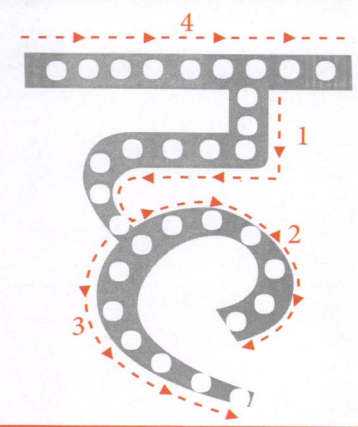

व्यंजन 'ह' लिखने का तरीकाः–

क्षत्रिय

क्षितिज

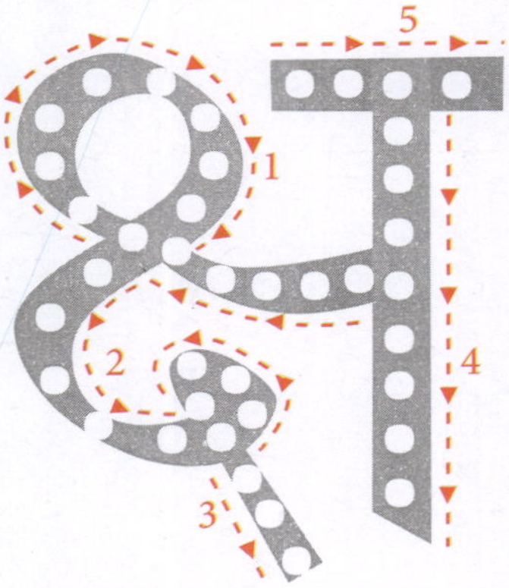

व्यंजन 'क्ष' लिखने का तरीकाः–

त्र

त्रिशूल

त्रिभुज

व्यंजन 'त्र' लिखने का तरीकाः–

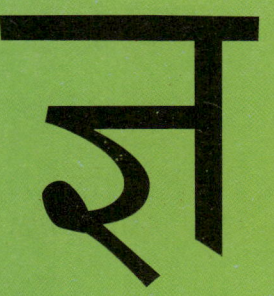

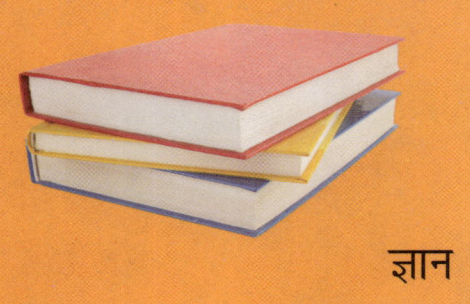

ज्ञ

ज्ञान

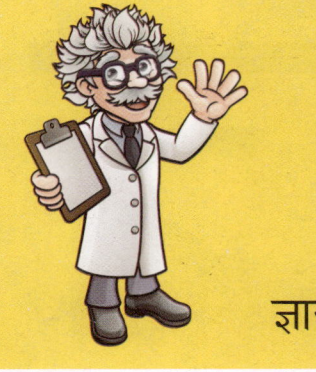

ज्ञानी

व्यंजन 'ज्ञ' लिखने का तरीका:–

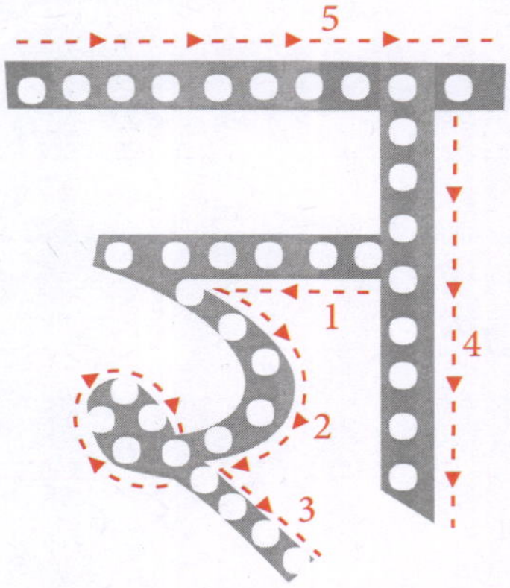

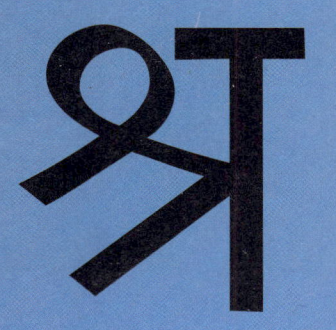

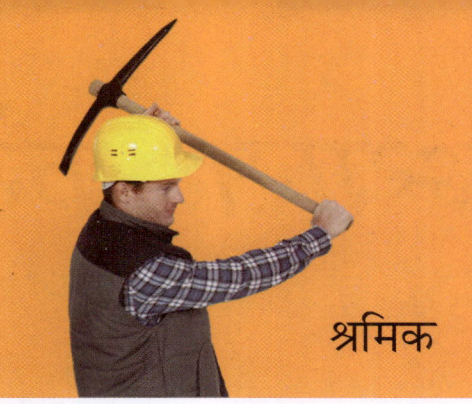

श्र

श्रमिक

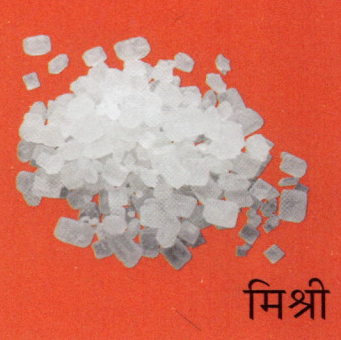

मिश्री

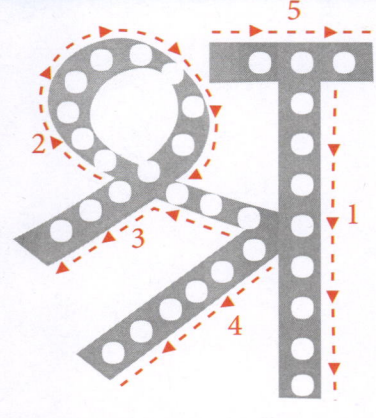

व्यंजन 'श्र' लिखने का तरीका:–

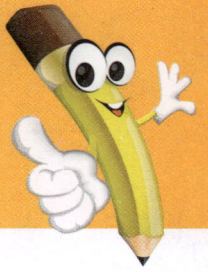

अभ्यास करें:-

अ आ इ ई उ

ऊ ऋ ए ऐ ओ

औ अं अः

क ख ग घ ङ

च छ ज झ ञ

ट ठ ड ढ ण

त थ द ध न

प फ ब भ म

य र ल व श

ष स ह क्ष त्र

ज्ञ श्र

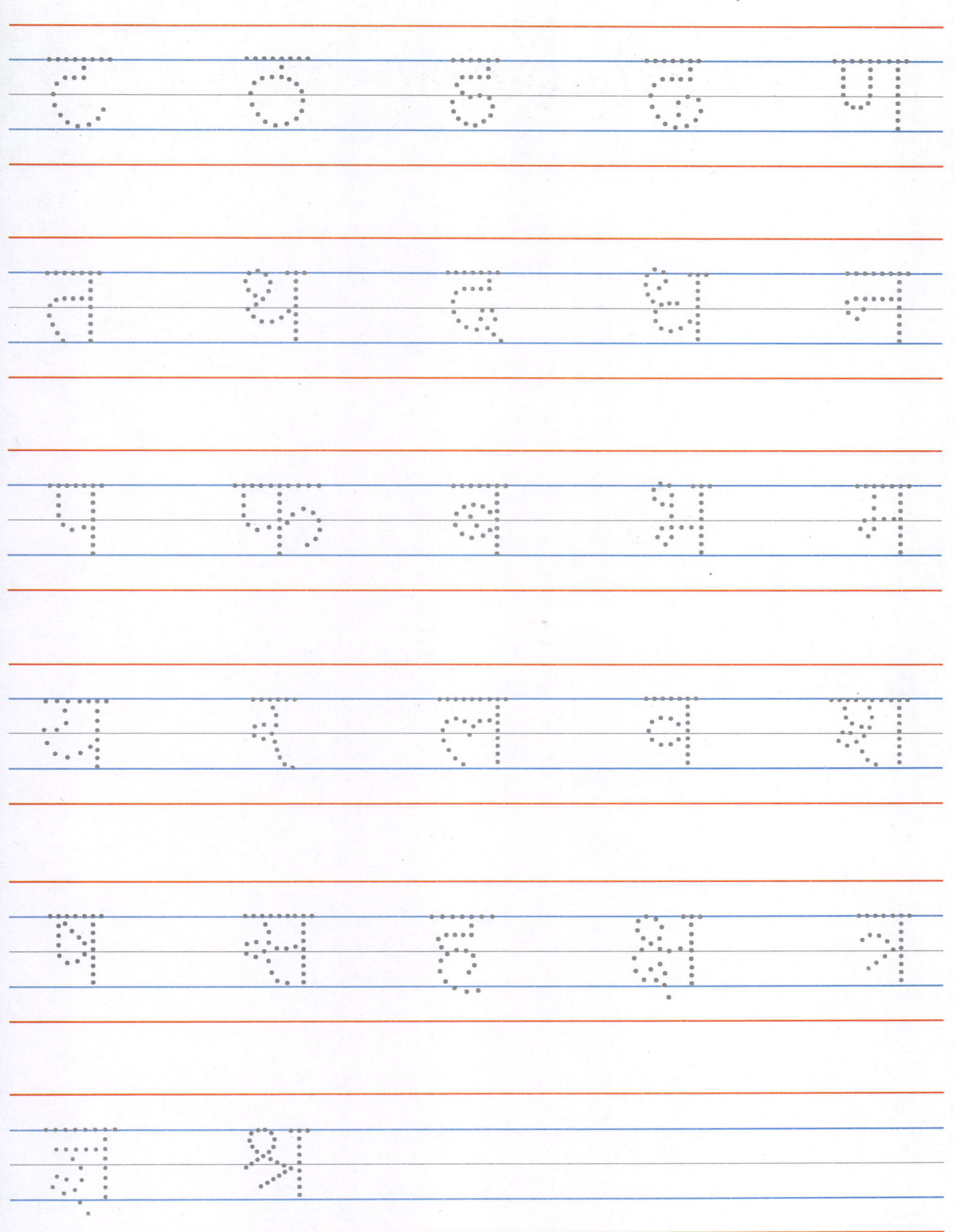

खाली स्थान भरोः-

अ --------- इ --------- उ

--------- ऋ --------- ऐ ---------

औ --------- अः

--------- ख --------- घ ---------

च --------- ज --------- ञ

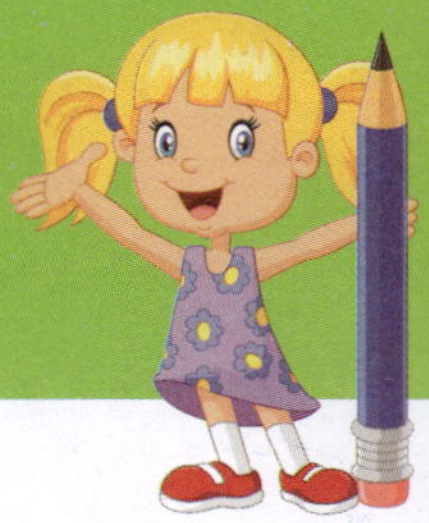

--------- ठ --------- ढ ---------

त --------- द --------- न

--------- फ --------- भ ---------

य --------- ल --------- श

--------- स --------- क्ष ---------

ज्ञ ---------

उत्तर

खाली स्थान भरो:-

अ आ इ ई उ

ऊ ऋ ए ऐ ओ

औ अं अः

क ख ग घ ङ

च छ ज झ ञ

ट ठ ड ढ ण

त थ द ध न

प फ ब भ म

य र ल व श

ष स ह क्ष त्र

ज्ञ श्र